AF388597

Bibliografische Information der Deutschen
Nationalbibliothek:

Die Deutsche Nationalbibliothek verzeichnet diese
Publikation in der Deutschen Nationalbibliografie;
detaillierte bibliografische Daten sind im Internet
über dnb.dnb.de abrufbar.

Korrektur & Lektorat: Julia Palmer, Victor Marnetté,
Paulina Tsvetanova

Coverdesign: Alena Krcova-Hurban

Satz: Claudia Mohr

Herstellung und Verlag:
BoD – Books on Demand, Norderstedt
ISBN: 9783759750570

Paulina Tsvetanova

Ein Koffer voller Stoff. Ein Koffer voller Träume. Ein Koffer voller Heimat.

Paulinas Blumen

Ich werde heute ein Blumenkleid nähen
und mich im Stoff verstecken.
Sommerwunder,
vom Wind zugeknöpft,
mit einer Tasche voller Meer.
Ich werde es mit Muscheln füllen,
ich werde wieder ein Kind sein.
Ich werde reicher sein
in meinem Blumenkleid
und ich werde die Erde sein,
der Regen,
die Sonne, der Mond,
farbiges Licht,
das mich berührt.
Wer mein Kleid mit Händen berührt,
wird alle Farben zerstreuen
und vom Meer geküsst.
Alles ist blau,
Fische und Wellen,
Gedichte und Reime,
Ich werde heute ein Blumenkleid nähen,
und morgen den Kosmos in einem Regenbogen verpacken.

Sag mir, wo die Blumen sind. Zeig mir die Blumen. Ich
sehne mich nach einer allumfassenden Liebe, die frei
macht, die beflügelt und dauerhaft ist. Die bleibt. Die
garantiert ist. Die ich dauerhaft spüren kann. Ohne
Angst, Unsicherheit und Verletzung. Mir wird plötzlich

klar, dass die Liebe, die ich suche, nur bei Gott gefunden werden kann. Wenn du einen Funken dieser Liebe in allem findest, das dir begegnet – in einer Blume, in der Natur, bei einer Wanderung, im Lächeln eines Kindes, in den Farben, in Stoffen und Muster, der Sonne, bei Begegnungen mit einem Freund, in einem inspirierenden Buch – dann fühlt sich die Leere nicht mehr so leer an.

Karma is a bitch

Eine magische Zufallsbegegnung war das Treffen mit Fritz. Er kam mit seinem Freund Mark zufällig in den Zufallsladen rein. Er fühlte sich sehr hineingezogen, vordergründig von meinem Babyhund Luna. Es entwickelte sich eine Freundschaft. Sie luden uns zu ihrer Hochzeit ein. Wundervolle Menschen. Große Liebe. Sie bekamen zwei der Weinflaschen aus meiner Heimat, das Blut des Lebens in zwei mundgeblasene Unikatflaschen gegossen.

Luna war eine Zeit lang bei den beiden gerettet, sie haben auf sie aufgepasst, damit sie nicht im Tierheim landet. Mein Partner und ich waren zu dem Zeitpunkt weit weg als der erfahrene Hundesitter, dem wir Luna überlassen hatten, plötzlich entschieden hatte, sie ins Tierheim zu bringen, weil sie sich nicht benehmen konnte. Ich war unendlich dankbar, obwohl ich mich im Nachhinein so schmerzvoll von ihr trennen musste. Sie war schließlich mein Ersatzbaby.

Mark schlug vor, dass wir uns den Hund teilen, bevor ich sie aufgebe. Das kam für mich überhaupt nicht in Frage. Ich wollte autonom bleiben. Und wenn gescheitert, dann lieber eigenständig. Ich gebe sie doch lieber einer lieben Familie ab, die sich richtig um sie kümmern kann, wo sie glücklicher als bei mir ist.

Danach wurde ich die Geschäftspartnerin von Fritz. Ich teilte mit ihm mein zweites Baby, meinen Laden. Er war der Einzige, der sich auf meine Ausschreibung gemeldet hatte. Er hatte mir zugesichert, dass er an meiner Seite bleibt, sonst hätte ich tatsächlich die Galerie schon das

Jahr zuvor aufgegeben. Der Hintergrund, warum ich den Laden teilen wollte, war der, dass ich nach einem Kompromiss gesucht hatte. Ich wollte das, was ich mich bisher aufgebaut hatte, behalten, und gleichzeitig meinen Kindheitstraum, Modedesignerin zu werden (und zu schreiben), ausleben.

Ich hatte mehrmals zu Mark spaßeshalber gesagt, dass ich Fritz genommen hätte, wenn er auf Frauen stehen würde. Einmal bemerkte er nur so beiläufig am Rande: „Sag so was nicht. Du bewegst Dich da auf ganz dünnem Eis."

Nun, schon bei der Neueröffnung des Ladens (den wir im Wechselmodel nutzen wollten) spürte ich Konkurrenz und Missgunst von Fritz. Der Laden war nicht mehr mein Baby. Fritz wollte ihn nicht wirklich teilen und ließ sich nicht in die Karten blicken. Zwei Monate vergingen, er bezahlte einigermaßen pünktlich. Unsere Freundschaft kühlte ab.

Im April hatte Fritz angekündigt, dass er eine existenzielle Krise hätte. Die Miete für meinen Laden bekam ich fast vier Wochen zu spät. Wir hatten die erste Auseinandersetzung. Schon da hatte ich das Gefühl, dass er nicht sein Versprechen halten und seine Monate nicht übernehmen würde. Dass er nicht in der Lage war, Verantwortung zu tragen.

Das Bild mit Ganesha kam hoch. Als er eingezogen ist, wusste er sofort, wofür diese Skulptur steht, die mir jemand als Segen für den Laden schenkte: Wohlstand und Erfolg. Ich wollte den auch mit ihm teilen oder ihm sogar den Ganesha schenken. Fritz meinte nur „Du weißt ja, wie wichtig er ist, wofür er steht. Lass ihn uns hier für uns beide behalten, er soll uns Glück bringen". Der Rüssel ging schon bei seiner ersten Veranstaltung kaputt, in meiner Abwesenheit. Ich versuchte, ihn zu kleben. Es hielt nicht. Als der Streit ausbrach, holte ich ihn zu mir nach Hause, ich verkleidete ihn neu. Streichelte ihm den Bauch und hoffte auf Erlösung. Der Anlass des Streits war, dass ich das Schloss wechselte. Er durfte rein, konnte aber nicht zusperren, da er den richtigen Schlüssel nicht bekam. Als er wieder den Zugang zur Galerie bekam, drehte er den Spieß um, und fühlte sich bestätigt, warum er raus wollte. Wir landeten vor Gericht. Ich gewann. Trotz Titel und mehreren Inkasso-Büros weigerte er sich zu bezahlen. Irgendwann fing ich an Krümel zu bekommen, kleine Abschlagzahlungen. Sein Gehalt war angeblich schon gepfändet. Inzwischen hat er es geschafft, eine weitere mir bekannte Frau, deren Firma er angeblich kaufte, mit horrenden Summen über den Tisch zu ziehen. Ich hatte sie vorgewarnt, vorsichtig mit ihm zu sein. Sie glaubte es nicht und nahm ihn in Schutz. Jetzt bezahlt sie ihre Rechnung. Manchmal ist es sinnvoll, auf gut gemeinte Ratschläge zu hören.

Das war nicht die Erlösung von Fritz, zumindest nicht in der Form, die ich mir ersehnt hatte. Oder doch: Das Karma mit Fritz baute sich langsam ab. Waren wir damals Geliebte? Habe ich ihn mit einem Mann teilen müssen, der immer auf mich eifersüchtig war, der Fritz nur für sich haben wollte, der ihm einredete, homosexuell zu sein? Habe ich ein Kind mit ihm gezeugt, das er nicht wahrhaben wollte? Habe ich dieses Kind frühzeitig abgetrieben, trotz meines Wunsches, es zusammen großzuziehen? Werde ich dafür in diesem Leben mit der Kinderlosigkeit oder mit der Angst vor Gebärmutterhalskrebs bestraft? Oder habe ich das Kind doch bekommen – ich hatte neun Monate lang intensiv mit Fritz zu tun, eine ganze Schwangerschaft – aber ihm den Kontakt verboten. Und schließlich das Schmerzensgeld dafür zahlen müssen? Luna und der Laden, die zwei unechten Kinder, die Totgeburten waren?

Ich möchte am liebsten adoptiert werden

Ich denke mit einem leichten Schmunzeln an meine Schnapsidee aus der Vergangenheit: Ich wollte von meinem Partner adoptiert werden. Damit wäre der Druck raus gewesen. Letztendlich wollte ich immer einen Mann, der für mich lebenslang sorgt, der mich vor allem emotional versorgt. Ankommen. Einen neuen Papa finden, der sich zu mir lebenslang bekennt, der mich beschützt, der sich für mich einsetzt, stark ist und die Verantwortung übernimmt.

In dieser Konstellation, dachte ich, hätte mein Partner keinen Druck, mich heiraten zu müssen (was ich mir an sich schon lange gewünscht habe), und das Kinderkriegenthema wäre somit auch gleich vom Tisch. Er wollte nicht, ich konnte nicht. Naja, es ist immer noch eine Frage der Entscheidung und der Macht. Einfacher ist es schon zu sagen, dass du nicht willst, statt „Das Schicksal hat es für mich so entschieden". Bei der zweiten Aussage muss man das akzeptieren, was man nicht selbst entschieden hat. Also wollte ich wieder Kind werden, um nicht erwachsen werden zu müssen.

Manchmal spielen Eltern eine perfekte, glückliche Familie und Ehe, und trotzdem sind Kinder von ihnen bitter enttäuscht. Sie spüren, dass sich die Eltern nicht hundertprozentig zu ihnen bekennen, dass sie eigentlich weiterhin unter sich bleiben wollen, man stört ja. Die Kinder ihrerseits fühlen sich emotional abgewiesen, kritisiert, nicht willkommen. Manchmal vermitteln Eltern ihren Kindern unbewusst, dass sie nichts taugen, loben falsche Vorbilder. Vor allem wenn Kinder aus der Art geschlagen sind, von der Norm abweichen, werden sie zu viel für die Eltern. Manchmal versuchen Väter die Mütter zu vereinnahmen, weil sie auf ihre eigenen Kinder eifersüchtig sind. Und wenn Frauen dann eher zu ihren Kindern stehen, fühlen sich Männer schnell in den Schatten gedrängt, und geben den Frauen oder Kindern die Schuld für ihren eigenen Mangel an Selbstverantwortung. So werden Kinder zu Spielbällen der tiefen, inneren Verletzungen und Komplexe der Eltern. Verlassen frühzeitig das Elternhaus, fliehen vor etwas, wofür sie nichts können, was sie nicht einmal kennen, stürzen sich in Suchterkrankungen, Arbeit oder kompensieren den Mangel mit Feiern, Reisen, Sex. Manchmal müssen sie lebenslang ums Überleben kämpfen oder schweben sogar an der Grenze des Todes, denn das Leben kann ja nicht so leicht sein.

Ich wollte eigentlich nur endlich wieder Kind sein. Deswegen habe ich infantile Beziehungen mit Plüschtier-Spleens geführt und die Entwürfe meiner Kindheitszeichnungen als Sprungbrett dafür genutzt, meine Kindheit zu upcyceln. Aber ich habe eingesehen, dass die Suche nach Heimat und Geborgenheit, die ich zu Hause nie bekommen habe, auch nicht in einer Partnerschaft zu finden ist. Man muss sich zunächst einmal selbst adoptieren.

Keiner schuldet dir was

Die eigene Wichtigkeit, wie können so einfache Worte so essenziell sein? Wenn du nur diese eine einfache Wahrheit verstehst, wirst du einen richtigen Segen erfahren. Keiner lebt für dich, mein Kind. Denn keiner ist in dir. Jeder Mensch lebt für sich. Dein eigenes Glück ist das, was du spüren kannst. Wenn du begreifst, dass keiner dir dein Glück schuldet, wirst du dich von jeglichen Erwartungen befreien. Keiner ist dazu verpflichtet, dich zu lieben. Wenn dich jemand liebt, bedeutet es, dass es etwas in dir gibt, das ihn glücklich macht. Entdecke dieses gewisse Etwas, dann wirst du von mehreren geliebt, dann wirst du erfahren, warum dir Menschen nah sein wollen. Wenn Menschen für dich etwas tun, liegt es daran, dass sie es freiwillig wollen. Weil du ihnen etwas Besonderes gibst, das sie dazu bringt, dich glücklich machen zu wollen. Nicht weil dir jemand etwas schuldet. Keiner ist dazu verpflichtet, dich zu respektieren. Es wird Leute geben, die dich nicht so behandeln, wie du es von ihnen erwartest. Aber sobald du das begriffen hast, wirst du lernen, diejenigen zu meiden, die dich verletzen. Weil du ihnen auch nichts schuldest.

Leb dein Leben. Du schuldest dir selbst, ein besserer Mensch zu werden. Dann werden viele mit dir sein wollen, weil du ihnen vieles gibst. Im Gegenzug bekommst du vieles von ihnen, ohne Zwang, ohne Aufrechnerei und paid transactions.

Viele Menschen werden dich verlassen, aus Gründen, die nichts mit dir zu tun haben. Wenn das passiert, finde die Beziehungen, die du dir wünschst, woanders. Lass fremde Probleme nicht deine werden. Wenn du lernst, dass du die Liebe und den Respekt der anderen verdienst, dann wirst du nie wieder enttäuscht sein oder das Unmögliche erwarten. Keiner ist dazu verpflichtet, Gefühle und Gedanken mit dir zu teilen oder das, was sie besitzen. Wenn man es jedoch tut, dann liegt es daran, dass du es verdienst. Nimm es nicht als Selbstverständlichkeit an.

So lange dachte ich, dass es vieles gibt, was mir zusteht, dass ich all meine psychische und physische Kraft damit verschwendete, mir Dinge zu erkämpfen, die gar nicht für mich bestimmt waren.

Keiner schuldet dir Bewunderung, Respekt, Freundschaft, Liebe, Höflichkeit oder etwas anderes. Seitdem ich das weiß, sind meine Beziehungen viel gesünder. Ich habe mich darauf fokussiert, mit Menschen zu sein, die das tun, was ich mir wünsche, dass sie es tun. Dieses Wissen ist sehr nützlich für meine Freundschaften, Liebesbeziehungen, Businesspartnerschaften, Verkäufe oder Treffen mit Unbekannten. Ich kann vieles bekommen, was ich will, wenn ich Teil des Lebens des Anderen mir gegenüber werde. Ich muss versuchen zu verstehen, was der andere braucht, woran er glaubt, was er will. Nur so kann ich ihn so behandeln, dass er mir das gibt, was ich will. Nur dann kann ich sagen, ob ich mit dieser Person wirklich sein will.

Man sagt, die Zeit heile alle Wunden.

Ja, es mag sein, dass die Zeit oberflächliche Wunden heilt, jene Kratzer auf Haut und Gedanken. Doch was geschieht mit gebrochenen Knochen und gerissenen Sehnen? Mehr Zeit. Wenn deine Essenz in zwei Hälften geteilt ist und aus deiner Wunde kein Blut, sondern Liebe fließt. Wenn du dir selbst gehörst, aber noch nicht ganz. Und du mit diesem Mangel zusammenwächst, mit einem Tal, in dem die Vergangenheit fließt. Dann verschmelzen Vergangenheit und Zukunft zu einer nicht existierenden Gegenwart. Ich weiß es nicht, heilt die Zeit alle Wunden? Oder tun wir nur so, als hätten wir es vergessen? Wir erwachen, ziehen schnell den Tag an, geben vor, stark und durchsetzungsfähig zu sein. Wir waschen unser Gesicht, schielen am Spiegel vorbei und tun so, als würden wir die Traurigkeit tief in den Augen nicht spüren. Als ob die Schatten unter mehreren Schichten Make-up verschwinden könnten. Noch ein wenig Rouge, noch ein wenig Lippenstift und alles ist plötzlich in Ordnung. Wir tragen die Spuren auf den unausweichlichen Wegen und mit einem neuen Lächeln beginnt der neue Tag. Mit dem Kaffee schlucken wir die nächsten Bitterkeitsspuren hinunter, eine Bitterkeit ersetzt die andere. Er wird nicht schmerzen; wir haben den Schmerz in einem anderen Universum eingesperrt, irgendwo unter den Schichten Asche, die wir Zeit nennen. Und wir denken, der Schmerz würde nicht existieren. Aber er ist da, er pulsiert. Sehr sanft und diskret, kaum merklich und trotzdem da. Manchmal zeigt er sich als schlummerndes Leben zwischen den Verpflichtungen und Gewohnheiten, als kleine Träne, flüchtige Erinnerung, zartes Lächeln gen Himmel. In diesem kleinen Bruchteil der Sekunde gibt es keine Zeit, denn die Zeit ist ein Maßstab des Unmessbaren – des Wandels, der Trennung, des Anfangs und des Endes. In diesem kleinen Moment ist der Schmerz die einzige Realität, die an die Wahrheit innendrin erinnert, zeitlos, dort, wo nur Seelen wohnen. Es können Jahre vergehen, aber solange es schmerzt, lebt die Seele. Man sagt, die Zeit heile. Und was, wenn der Schmerz das Leben in seiner reinsten Form ist? Was, wenn wir nur im Schmerz echt bleiben? Was heilen wir dann?

Return to sender

Kurzes Update, ihr Lieben, die Geschichte wurde noch kurioser. Ich weiß nicht, ob ich heulen oder lachen soll. Gestern war mir nur mehr nach Heulen. Nach dieser Episode habe ich den schlimmsten Migräneanfall meines Lebens bekommen, daraufhin habe ich mich stundenlang ununterbrochen vor Kopfschmerzen übergeben und beinahe den Notarzt angerufen. Also, nachdem der Steuerberater mir überzeugt schrieb, dass ein Nachbar die Sendung zur Post zurückgebracht hat und diese sieben weitere Tage nicht auftauchte, rief ich mehrmals die Post-Hotline an. Da gab es sehr widersprüchliche Auskünfte. Der eine Mitarbeiter behauptete, dass eine Frau namens I.R. die Sendung in Empfang genommen hat und sie zur Post gebracht hat. Der andere legte auf. Der dritte meinte, nein, es geht um Frau B.J., sie hätte die Sendung in Empfang genommen. Dann wurde von ihr die Sendung wiederum neu abgeholt (wohl nicht vom Steuerberater!?) und die Sendung sei an mich erfolgreich ausgeliefert gewesen. Nun ja, ich war gezwungen, fast alle Nummern, die im Telefonbuch unter der Straße meines Steuerberaters aufgelistet waren, durchzutelefonieren. So hat sich herausgestellt, dass der nette Herr Dr. P., den ich abends um zehn anrief, der ehemalige Leiter der Nationalgalerie und später der Sammlung Berggruen gewesen war. Wie spannend! Ich als Kunsthistorikerin lerne diesen besonderen älteren Mann am Telefon kennen. Er hat sich netterweise als Helfer angeboten, um auf die Schliche der skandalösen Sendung zu kommen. Er würde bei Frau J. am nächsten

Morgen klingeln. Das hat er auch getan. Ich bekam einen Anruf von dieser besagten Frau J., die behauptete, dass sie das Päckchen wohl die ganze Woche bei sich gelagert habe. Wie solle sie es zur Post bringen, wenn sie und ihre Tochter gehbehindert seien (die Tochter drohte, meinen Steuerberater wegen Verleumdung und falscher Unterstellung anzuzeigen). Okay, irgendwann blieb mir nichts anderes übrig, außer am sonnigen Sonntag aufs Fahrrad zu steigen und anderthalb Stunden nach Kaulsdorf-Nord mit einem Freund zu radeln (Hin und zurück waren's bestimmt fünfunddreißig Kilometer durch die Umwege und Streitigkeiten, die wir auf dem Weg hatten). Nun was schließlich passiert ist, fragt Ihr Euch? Wir haben das Päckchen bei Frau J. persönlich abgeholt, ihr und Herrn Dr. P. jeweils eine Schachtel Pralinen vorbeigebracht, einen netten Plausch mit beiden gehabt und nebenbei erfahren, dass mein Steuerberater wohl gar nicht im Haus wohnt (sondern, dass seine Eltern dort gelebt haben, die schon vor Jahren verstorben sind). Aha, daher stapeln sich da die Pakete, dachte ich. Nun gut, ich hatte endlich die Sendung persönlich abgeholt und beschlossen, da mein Steuerberater mich angelogen hat, dass ich meine Unterlagen aus den letzten drei Jahren alle abholen will (wenn ich nur wüsste, wo er sie aufbewahrt!) und dass ich dringend einen neuen Steuerberater brauchte. Da er nicht ans Telefon ging, habe ich ihm einige bissige WhatsApp-Nachrichten hinterlassen. Heute morgen schrieb er wieder, ob mein von Frau I.R. wieder zurückgeschicktes Paket immer noch nicht da sei. Ich wurde wütend. Hat er nicht kapiert, dass ich das Paket schon von seinem

Haus bei der anderen Nachbarin abgeholt hatte?! Dann schlug ich ihm ein persönliches Treffen vor, wo wir bitte alles klären können. Das taten wir. Gott sei Dank! Gott sei Dank habe ich ihm verziehen und mich bei ihm entschuldigt und er auch bei mir, denn der Fehler lag schlichtweg nur an dem Versandunternehmen! Sie hatten ihm einen falschen Benachrichtigungsschein mit derselben Sendungsnummer ausgestellt! Und dieser Status war total falsch gewesen. Es stellte sich heraus, dass die Frau J., die den Steuerberater anzeigen wollte, in der Vergangenheit einen Gerichtsprozess mit ihm hatte, den er gewonnen hat, daher war sie so feindlich ihm gegenüber. Mein armer Steuerberater war in den letzten Wochen und Monaten öfters im Krankenhaus und daher immer wieder nicht zu Hause. Nach unserer Aussprache habe ich eine neue Regelung für die Lieferung der Originalbelege gefunden. Wichtig war die persönliche Aussprache, die Versöhnung, dass wir nicht weiter wegen fremder Fehler uns Dinge zugeschrieben haben, die an der Realität vorbeigingen. Halleluja!

Glaube ist Magie

Mutig sein wird belohnt. Mut macht (ohn)mächtig. Mut, die eigene Bestimmung zu finden: Das passiert immer nur aus der jetzigen Situation heraus. Egal wie unangenehm, enttäuschend und frustrierend sie scheint. Ich bezweifle sehr, dass es die ultimative nonplusultra Bestimmung gibt. Dafür ist das Leben zu vielfältig, facettenreich und komplex. Es gibt so etwas wie mehrere Aufgaben, die zur Entfaltung deiner Persönlichkeit führen, was dir als Berufung erscheint.

Glaube beginnt mit dem Mut, dem Unlogischen zu vertrauen. Und oft ist das Unlogische, Irrationale genau das, was Du verneinst, wovor Du Angst hast, wogegen Du am meisten rebellierst. Das, was du am wenigstens glaubst und am wenigstens annehmen magst. Die großen Wahrheiten sind meist unbequem. Es ist verdammt einfach. Glauben heißt, aus dem Dogma, aus dem Konzept über sich selbst hinauszugehen. Der Glaube ist Magie. Liebe jenseits der Grenzen der Komfortzone.

All das, was mehr ist als das, was wir brauchen, tötet uns. Eigentlich ist das der Teufel: Die Gier, mehr zu wollen, als das, was du brauchst und was notwendig ist. Mehr Sex. Mehr Alkohol. Mehr Essen. Mehr Geld. Mehr Spaß. Mehr Macht. Mehr, mehr, mehr! Unerbittlich. Unersättlich. Manchmal musst du den Kampf um eine Seele aufgeben, wenn der Mensch nicht bereit fürs Licht ist. Du musst die Kraft haben zuzugeben, dass es keinen Sinn gibt. Und dich zurückzuziehen. Bevor dein Licht anfängt zu erlöschen in der fremden Dunkelheit. Dies ist keine Niederlage. Es ist Demut. Dankbarkeit ist das Gefühl des Staunens, eine Feier des Lebens.

Ein nostalgischer Abschiedsbrief, eigentlich ein Liebesbrief, der nie verschickt wurde

Lieber Raphael,

da wir aktuell keine andere Möglichkeit der direkten Kommunikation haben, wähle ich diesen Weg der Selbstoffenbarung. Am liebsten hätte ich dir einen Brief auf Papier geschrieben, habe mich aber bisher nicht getraut. Ich möchte verhindern, dass unsere Beziehung in einem unschönen Unterton endet, dass sich eine finstere Aura über unsere gemeinsame Zeit ausbreitet. Ich möchte meine Gefühle und Bedürfnisse im Rückblick offenbaren. Ich möchte mich mit mir selbst versöhnen und nichts Ungeklärtes, Rätselhaftes hinterlassen, was vielleicht eines Tages zu klären zu spät wäre.

Ich lasse alle Schutzmasken fallen, um mich dir so zu zeigen, wie ich bin: ohne Schminke und natürlich mit dem großen Risiko, dass dieser Brief deinerseits unbeantwortet bleibt. Damit rechne ich fast, ich habe keinerlei Erwartungen, dass du mir antwortest. Liebesentzug, Schweigen, Rückzug verletzen mich offen gestanden sehr. Vielleicht ist es eine Form der Strafe aus einem Gefühl der Machtlosigkeit? Schweigen heißt heimtückische Ablehnung, Ignoranz, Verachtung, Selbstschutz. Wovor? Vor dem Hochkommen alter verdrängter Emotionen, eine Erinnerung an vergangene Traumata, die vielleicht gar nicht unsere sind? Aber genau das hindert mich daran, wieder zu vertrauen, Liebe zuzulassen und Nähe (zu dir) aufzubauen. Man kann nicht verzweifelt geliebt werden, ohne zu lernen, selbst zu lieben. Den Kontakt abzubrechen, um eine Verbindung zwischen uns zu bewahren, sei es nur aus Schmerz, Wut oder Leere, ist definitiv keine Lösung. Kein abrupter Kontaktabbruch hat etwas mit innerer Freiheit zu tun. Ich habe festgestellt: Je mehr man von etwas loskommen möchte, desto mehr verstrickt man sich darin. Ich will keinen Zorn und Groll in meinem Leben mehr.

Und nein, ich wollte nicht dein besonderes Geburtstagsgeschenk loswerden. Ich wollte dich feiern. Ich hatte mich am Samstag, nachdem du zwei Stunden vorher zum zweiten Mal in einer Woche abgesagt hast, richtig auf dich gefreut, mich für dich hübsch gemacht. Vielleicht konnte ich es nicht gut in Worte fassen. Und ja, irgendwie finde ich es süß, dass du denkst, nur weil du Sachen bei mir liegen hast, heißt es, dass du dir einen Raum in meinem Leben markiert hast, wie eine Art Back-up. Zugleich finde ich es schade, dass du meine Aufmerksamkeiten ablehnst und in meinen Augen denkst, du würdest meine Liebe nicht verdienen. Du darfst akzeptieren, dass du auch für andere liebenswert bist.

Ich habe emotional überreagiert, da ich mich von dir nicht ernst genommen, abserviert, fallen gelassen fühlte. Dafür möchte ich mich herzlich entschuldigen. Überhaupt war ich öfters etwas verbal aggressiv und habe mich im Ton vergriffen, das war keine böse Absicht, sondern in der Tat vielleicht meinem Temperament geschuldet. Eine reine Schutzreaktion, wenn mir alles zu viel wird, ich Ruhe brauche oder wenn ich mich ohnmächtig fühle.

In der Woche deines Geburtstags hatte ich deinen erneuten Rückzieher schon im Gefühl. Zumindest weiß ich, dass meine Intuition hervorragend funktioniert. Ich hatte offen gestanden die Befürchtung bereits vor Weihnachten, dass du immer noch was mit deiner Ex am Laufen hast, wegen der Kränkung, dass ich dich abgewiesen habe. Dass ich sie kontaktiert habe, geschah aus Verzweiflung, Wut, Frust und war sicherlich falsch und kindisch. Dahinter steckt ein Schmerz, den ich mir erst selbst eingestehen musste. Und dass deine Ex es dir direkt weiterleitete, zeigt mir erneut, wie unsolidarisch manche Frauen untereinander sind. Ich würde mich da ganz anders verhalten. Ich halte stets zu den Frauen, no matter what, egal ob man denselben Mann teilt. Es zeugt meines Erachtens von Hinterhältigkeit und Mangel an Rückgrat. Sie hat sicherlich das erreicht, was sie wollte – dass sie uns auseinanderreißt, weil sie es nicht geschafft hat, etwas mit dir aufzubauen. Nach dem Motto: Mir geht es gut, wenn es dem anderen schlecht geht.

Dass du jemanden auf Social Media löschst oder blockierst, heißt noch lange nicht, dass du ihn aus deinem Herzen oder Kopf ausradierst. Ich habe keinen Bock auf narzisstische Nähe-Distanz-Spiele, auf bedingungslose Nähe vermischt mit heftigem Wegstoßen, weil der andere verletzend sein kann. Also, lass mal das Leben gut sein, denn es führt ja ohnehin zum Tod. Dann könnte man sich ja gleich das Leben nehmen. Beziehungen enden früher oder später, spätestens mit dem Tod. Selbst wenn sie lebenslang glücklich verlaufen. Der Tod einer Beziehung ist das Erste, was man sich klar machen müsste, bevor man damit überhaupt anfängt. Und nur weil man eine Beziehung anfängt und das Ganze in einem Schwebezustand ewig weiterlaufen lässt, heißt es noch lange nicht, dass man keine hatte. Ein Freund sagte: Wenn du keine Beziehung zu Raphael hattest, dann musst du sie auch nicht beenden. Aber: Wo fängt eine Beziehung an und wo hört sie auf? Unser Triggerpunkt ist nach meinem Empfinden ganz klar: Verlustangst trifft auf Beziehungsangst. Ich fühle mich leer und abgekämpft, habe zum tausendsten Mal das Verlassenheitsgefühl, die Angst vor dem Alleinsein tief in mir gespürt. Mein Herz schlägt etwas merkwürdig, holprig, nervös.

Liebe fängt dort an, wo Verliebtheit aufhört. Wo die Fassade bröckelt. Liebe bedeutet auch ein Nein zu den Bedürfnissen des Partners, sie dürfen unbefriedigt bleiben. Du darfst auch nicht immer kriegen, was du willst. Es gibt keine einfachen Beziehungen, wenn sie tief sind. Und Liebe muss man sich erarbeiten. Bin ich bereit geliebt zu werden? Habe ich die Kraft, eine Ablehnung zu verkraften? Es gibt kein Wachstum ohne Schmerz. Offensichtlich hatte ich bisher immer einen Sicherheitsfallschirm parat. Obwohl ich oft ein Katalysator, ein „Arschengel" für andere war, und ihnen die Sicherheitspflaster von ihren Eiterwunden abgenommen habe. Weil ich sie auf diese Weise wachsen lasse. Ein Grund, warum ich dich nicht in deiner Opferrolle, in deinem Sich-vor-der-Krankheit-Verstecken bestätigen wollte.

Sehr klar spüre ich, wie ich dich immer vermisse, wenn ich nicht mehr unter Menschen bin. Ja, ich habe Fernweh und bin deswegen unter Menschen, aber eigentlich habe ich Heimweh. Mir fehlt unsere Leidenschaft, der tolle Sex mit dir (eigentlich der beste meines Lebens bisher), unsere Verspieltheit, das Verschmustsein, die Experimentierfreude, das herzliche Lachen, das Kribbeln beim Sex Talk, deine Dominanz im Bett und der strenge erziehende Professorenblick, wenn du es mir besorgst. Dabei das Gefühl, dass ich dich immer durch meine Anziehung ködern kann, dass du verfügbar und mir ausgeliefert bist. Es ist ein merkwürdiges Machtspiel. Auch wenn mich deine Impulsivität oft gestört hat, habe ich deine Spritzigkeit, deinen Schabernack, deinen Scharfsinn und deine Chuzpe sehr liebgewonnen. Und ich bin dir sehr dankbar dafür, dass du meine Dissertation gelesen und mich dabei so tatkräftig unterstützt hast. Darüber hinaus bin ich sehr dankbar dafür, dass du für meine Familienprobleme am Anfang ein sehr offenes Ohr hattest und mich immer in Schutz genommen hast. Auch wenn ich beim persönlichen Treffen mit meiner Zwillingsschwester das Gefühl hatte, du würdest dich mit ihr gegen mich solidarisieren. Ein bekanntes Muster meiner Schwester, meine Partner gegen mich zu instrumentalisieren, weil sie sich in meinem Schatten fühlt, weil sie kein so buntes, freies Leben hat wie ich.

Ich wollte nicht das Schöne zwischen uns missen, habe versucht es mitzunehmen, ohne mich daran zu binden und abhängig zu werden. Und ich bin maßlos daran gescheitert. Denn in meiner Lebensphase haben mir von Anfang an essenzielle Dinge für eine stabile Beziehung mit dir gefehlt. Ich hatte des Öfteren das Gefühl, dass du klammerst, aus innerer Leere und Einsamkeit, aus Sehnsucht, endlich mal nach einer langwierigen Beziehung, nach Anerkennung und Zuwendung. Allzu menschlich. Überhaupt fühle ich mich wieder von mir selbst enttäuscht, dass ich schon wieder am Versuch einer Beziehung gescheitert bin – Ja, Affären sind doch Beziehungen, wenn man sie beenden muss. Obwohl ich es mir so gern gewünscht hätte, dass es dieses Mal klappt, trotz aller Strapazen und Hürden, trotz Krankheiten, Verletzungen und Altlasten, für die eigentlich keiner von uns etwas kann. Die man aber gemeinsam meistern könnte, wenn man wollte, wenn man die Chance erkennen würde, seelisch daran zu wachsen. Wie soll man an seinen Ängsten wachsen, wenn man ihnen dauernd ausweicht? Ich habe erkannt, dass ich so oft unglücklich bin, weil ich vieles haben will, was ich nicht haben kann, weil ich vieles verpassen muss, weil ich auf vieles verzichten muss. Es gibt im Leben viel mehr Möglichkeiten, als wir jemals praktisch umsetzen können. Irgendwo habe ich auch die Angst, mich festzulegen und dadurch abhängig und fremdbestimmt zu werden, meine Souveränität zu verlieren. Selbstbestimmung ist Fluch und Segen zugleich.

Wolltest du mich vor der Enttäuschung vor dir selbst schützen? Ich muss zugeben, dass ich oft Angst hatte, mir den emotionalen Raum und die Ruhe zu nehmen, die ich zum Beispiel nach und zwischen den langen Reisen brauche. Ich habe mich von dir emotional vereinnahmt, erpresst, sabotiert gefühlt. Hatte die Angst, dich dadurch zu enttäuschen und zu vergraulen. Und ohne es zu wollen, fühlte ich mich nun für deine Gefühle der Erniedrigung, deine Verletzungen und deine Enttäuschung verantwortlich. Meine Verletzungen habe ich dir unwillentlich angetan. Vielleicht, weil ich Angst habe, mich fallen zu lassen und Liebe zuzulassen. Angst habe, mich wieder im Anderen zu verlieren, das bekannte Zwillingsmuster. Emotional abhängig und zum Schluss wieder allein zu sein. Schaffe ich es jemals, eine gesunde Beziehung zu führen und langfristig zu halten?

Es würde mich freuen, irgendwann vielleicht doch mindestens eine schöne Freundschaft mit dir führen zu können, denn offensichtlich ist Freundschaft viel wertvoller als alles andere. Hätten wir es doch von Anfang an so sehen können und uns nicht so reingesteigert. Wenn die Anziehung zwischen uns nicht gewesen wäre, wäre das durchaus möglich gewesen. Offensichtlich sind wir an unserer eigenen Prämisse – no bullshit, no drama, immer erotisch bleiben – grandios gescheitert.

Andererseits finde ich schon, dass man nicht vom Anfang auf das Ende einer Beziehung schließen kann. Das ist wie, das Ende eines Filmes nur nach dem Vorspann zu beurteilen. Das Ende eines Films hängt von der Handlung ab. Ein Fundament baut man durch die Konflikte, mit denen man sich konfrontiert, ausgewichene Konflikte trägt man in die nächste unerfüllte Beziehung mit rein. Jede stabile Beziehung braucht gesundes Konfliktmanagement. Das ist nichts, was einem zufällt, das muss man sich erarbeiten. Liebe braucht Mut. Mut, die eigenen Bedürfnisse, Sehnsüchte, Hoffnungen und Ängste immer wieder aufs Neue zu reflektieren und zum Ausdruck zu bringen. Es braucht den Mut, nachzujustieren, Mut, immer wieder aufs Neue zu vertrauen. Ohne das kann nie echte Intimität entstehen und damit meine ich nicht nur Sex, sondern eine tiefe Gefühlswelt. Tja, Nähe hat wie Freiheit einen sehr hohen Preis.

Im Nachhinein habe ich darüber reflektiert, warum ich mich an dich emotional gebunden gefühlt habe und gewissermaßen immer noch fühle: Es ist unsere Zwillingsgeschichte und ich glaube tatsächlich, dass wir wegen unserer Herkunft genetisch verwandt sind. Wir können uns unglaublich gut riechen. Dein Begehren, deine Bestätigung, deine Aufmerksamkeit, deine Gentleman-Art, deine Großzügigkeit, das Gefühl, dass ich für dich eine Priorität bin und immer bleiben werde, deine Hilfsbereitschaft, Fürsorge, Loyalität, das Verwöhnen, die Bewunderung.

Ja, ich liebe es für jemanden eine Muse zu sein. Und zwar aus dem Grund, dass ich es liebe, Menschen zu ihrer Kreativität zu ermutigen, zu pushen und zu empowern, zu sehen, dass Menschen über ihre Grenzen hinauswachsen können durch mich als Role Model, sich entfalten, sich trauen, das Leben zu umarmen. Ich bin sehr glücklich, wenn ich Menschen zum Leben erwecken kann, wenn ich spüre, wieviel Leidenschaft, Liebe, Mut (teilweise Übermut) ich in anderen entflammen kann. Da besteht natürlich die Gefahr Mentorin, Coach, Therapeutin oder zur besten Freundin zu werden, was jede Erotik killen kann. Es ist nicht nur das narzisstische Ich-will-vergöttert-werden, um einen Mann emotional zu dominieren. Ich glaube in der Tat, dass es meine Lebensaufgabe ist, für andere eine Inspiration zu sein. Ich bin es gewohnt, für mich, meine Schwester und unseren im Mutterleib verstorbenen Bruder zu leben. Ich lebe für drei und habe einen unstillbaren Lebenshunger. Da merke ich oft nicht, dass Menschen in meinem Umfeld nicht meine Kraft und Resilienz haben, dass sie sich von meinem Elan und meiner Energie in den Schatten gestellt und geschwächt fühlen. Ich merke oft meine eigenen Schwächen und Grenzen nicht, kann es schwer zulassen, traurig und krank zu sein.

Dabei fühle ich mich oft im Inneren wehmütig. Vor allem wegen der Perspektivlosigkeit in Bezug auf Familiengründung, Heimat, die finanzielle Unsicherheit, meine unvollendete Dissertation. Mir fehlt eine starke männliche Schulter an meiner Seite, die mich intelligent führt – ohne Hysterie, Konkurrenzkämpfe, ohne Kindergarten. Einfach das Gefühl, dass ein Mann sich stark fühlen darf, wenn ich mich anlehne und ich endlich schwach sein darf. Ich reagiere allergisch auf schwache Männer, die dauernd ihre Befindlichkeiten, Eitelkeiten und Launen ausleben und sich eine Ersatzmutter suchen. So war eben mein Ex-Partner. Ich regte mich zwar über ihn häufig auf, habe den Schritt der Trennung aber nicht gewagt. Sicherlich aus Angst, allein zu sein und aus Respekt vor allem, was wir gemeinsam jahrelang gemeistert haben. Weil wir beide lernten, Kompromisse zu machen und trotz alledem ja zueinander zu sagen, im Alltag, durch die Coronakrise, durch Arbeitslosigkeit und Krankheit. Das ist in der Tat der einzige Grund, warum ich manchmal melancholisch bin. Mir wird dann klar, dass vieles gar nicht selbstverständlich war. Ich will aber nicht, dass mein Ex weiterhin mein Leben so sehr bestimmt, dass er alle weiteren Beziehungen prägt. Heute weiß ich, dass die Menschen, die uns am meisten verletzt haben, uns am meisten weitergebracht haben.

Schweigen ist ein Machtinstrument. Eine Bestrafung für vergangene Verletzungen. Und manchmal ist es einfacher, sich selbst als andere zu verletzen. Manchmal braucht man die Funkstille, um den anderen vor sich selbst zu schützen. Ich möchte dich allerdings nicht so behandeln, wie mich damals mein Ex behandelt hat, daher breche ich das Schweigen. Warum sollte ich, von meiner großen Liebe damals so brutal verlassen und im Stich gelassen, für jemanden anderen liebenswert sein, dachte ich unterbewusst. Ich kann kaum beschreiben, wie dieses Gefühl ist: Hängengelassensein, Abgeschnittensein, furchtbare Verzweiflung, ja, ein Gefühl des Nichtmehrteilenkönnens, dem kann ich immer noch nicht entkommen. Das war das entwürdigendste Erlebnis meines Lebens: Die Art und Weise wie mein Ex mit mir Schluss machte und vor allem die Erkenntnis, dass ich wahrscheinlich nie begreifen werde, was seine Beweggründe waren und dass ich es akzeptieren muss, ohne es verstehen oder sogar hinterfragen zu dürfen. Ein Kollateralschaden an meinem Wesen. Ich, die starke, unabhängige, mutige Unternehmerin, die jahrelang nach der Trennung ihren Alltag immer noch von diesem unergründeten Trennungsschmerz bestimmen ließ. Es war für mich schlimmer als der Tod, weil wir so lange die Macht hatten, es zu verändern, und es doch nicht taten. Man wird auseinandergerissen, nicht durch den Tod, sondern mitten im Leben. Und es bleibt nicht mal das „Ich" vom „Wir". Meine Dreißiger sind mit dem falschen Mann spurlos verschwunden, es blieb nichts, was wir hinterlassen haben, dazu noch das Trauma meines unerfüllten Kinderwunsches. Für mich war meine Ex-Beziehung trotz aller Konflikte ein Hafen, ein Anker, eine Heimat. Seit meiner Trennung vor zwei Jahren stelle ich mich dauernd in Frage. Ich bin immer noch fassungslos. Nichts ist mehr greifbar. Und ich erkenne immer klarer, dass Ablehnung und Abwertung des anderen auf keinen Fall langfristig Selbstschutz, Liebe und Ruhe spenden können.

Ich kann nichts für die Traumata von meinem Ex, der sie an mich übertrug, und vor jeder Verantwortung für uns flüchtete und aus der Beziehung ausschlich, als es endlich zur Sache ging. Meine Prämisse im Leben war stets: Raus aus der Opferrolle, rein ins echte Leben. Ich möchte nicht mehr so handeln, wie ich selbst behandelt wurde. Ich möchte meine Fehler, meine Schuld und die Konsequenzen davon erkennen, seelisch wachsen, ein besserer Mensch werden.

Habe ich dich zu schnell verlassen, weil ich Angst habe, selbst verlassen zu werden? Du hast sicherlich das Trennungstrauma massiv getriggert und mir dadurch gewissermaßen geholfen, es im Ansatz zu überwinden. Gleichsam warst du der rebound meiner vergangenen schmerzvollen Trennung, ein Flashback. Teilweise spiegelst du mir mich selbst, wie ich damals zu meinem Ex anfangs war, meine Ohnmacht, wie extrem schwankend, launisch, instabil und ausfällig ich anfangs zu ihm war und was er jahrelang mit mir geduldig geschluckt hat. Aber eine Sache habe ich endgültig kapiert: So wie ich von meiner Zwillingsschwester unzertrennlich war, so wenig existiert das Konzept einer Trennung in meiner Welt. Es ist das Trauma der Trennung von meiner Schwester, das immer wieder aufs Neue getriggert wird.

Meine Trennungstrauer erlebe ich oft als ein Pendeln zwischen Kummer, Sehnsucht und Leere einerseits, Verdrängung, Ablenkung und Aktionismus andererseits. Beim letzteren bilde ich mir ein, die Trauer überwunden zu haben und berausche mich mit Wein und im Erfolg meiner Modekarriere, die die innere Leere und den Mangel an Familie und Heimat füllen soll.

Ich hatte von Anfang an Angst, mich einzulassen, um nicht dieselben Fehler wie mit meinem Ex zu wiederholen – einen relativ unreifen, zartbesaiteten Mann, der kaum Erfahrung mit Beziehungen und im Arbeitsleben hatte. Er war schnell zu verunsichern, demütigen, beleidigen, man hat es ihm aber nicht angemerkt. Ich fühlte mich berufen, als müsste ich ihn von der Pike auf pushen, retten, aufbauen, ihn an meinem bunten Reiseleben bis zum letzten Detail teilhaben, mitfiebern lassen, ihm das Gefühl von Wichtigkeit vermitteln, weil ich ihn dauernd um Rat und Hilfe fragte und mich sehr verwundbar zeigte.

Meine Erfahrung war stets, dass der Selbstwert der Männer mit dem besseren Verdienst kommt, und das gilt auch fürs Bett. Irgendwann wurde ich als heiße Kartoffel fallen gelassen, als er sich stabilisiert hatte und mich nicht mehr brauchte. Ich fühlte mich um meine Zukunft betrogen. Deswegen fuhr ich bei dir mit angezogener Handbremse. Dazu die Fragen: Ist es eine Beziehung auf Augenhöhe? Haben wir gemeinsame Zukunftspläne, Reisen, Visionen? Können wir einen Alltag teilen, haben wir genug Konfliktfähigkeit und Frustrationstoleranz? Was verbindet Mann und Frau, wenn schon keine Kinder (von meinem Schmerz wegen meiner Unfruchtbarkeit abgesehen)? Immobilien, Verpflichtungen, gemeinsames Business, was davon ist möglich mit dir? Ich lebe auf großem Fuß, eigentlich total über meine Verhältnisse – ich habe sehr hart dafür gearbeitet – übernehme dauernd Risiken und trage zu viel Verantwortung auf meinen Schultern. Ich brauche einen Mann, der finanzielle und emotionale Verantwortung für sich und uns übernehmen kann, mich beschützt und für mich sorgen kann und will. Du sagtest, du willst der Provider sein, aber wann? Habe ich die Zeit? Und wenn ich wieder auf dich warte, wie auf meinen Ex, was wäre, wenn sich die Story wiederholen würde?

Daher habe ich dir von Anfang an signalisiert, dass ich mich ausgebremst fühle, dass ich es mit uns als eine schöne Freundschaft mit benefits (ein Konzept, das mir bisher sehr fremd war) ohne große Erwartungen, Druck und Zugeständnisse laufen lasse, mit der klaren Erkenntnis, dass es temporär ist. Zumindest solange ich nicht diese Stabilität bei dir spüre. Meine Zweifel an der Beziehung hatten nichts mit deiner Penisgröße oder deinem Beruf zu tun. Hier habe ich einfach die Angst, dass ich Lebenszeit verschwende, vor allem unter dem Aspekt, dass ich dazu noch allein die Entscheidung für und gegen Kinder treffen muss. Die Angst, dass ich dann doch am Ende wieder allein dastehe, und die Zeit für Familie vorbei wäre. Das kann man doch verstehen, wenn man eine Frau mit Torschlusspanik datet. Wenn meine Eltern nicht mehr da wären und ich kein Nachkommen hätte, und nicht mehr so attraktiv wie jetzt wäre.

Aber ist das ein Grund nun auf Teufel komm raus, zu viele Kompromisse zu machen, um bloß nicht allein zu sein? Gleichzeitig die desillusionierende Erkenntnis, dass ich meine Dreißiger mit dem falschen Mann verschwendet habe, dass die meisten gescheiten, gleichaltrigen Männer schon längst vergeben sind oder größtenteils mit kleinen Kids geschieden wieder auf dem Markt (Du weißt, damit komme ich noch weniger klar, weil ich selbst keine haben kann). Also fing ich plötzlich an, zu viele Kompromisse bei Dingen zu machen, die ich in meinen Zwanzigern und Anfang der Dreißiger nie gemacht hätte, als ich dachte, ich hätte unendlich viel Zeit. Ich habe die Erkenntnis gewonnen, dass ich die Trennung von meinem Ex-Partner zu lange hinausgezögert habe, dass ich selbst nicht genug emotionale Verantwortung für mich übernommen habe und darauf gewartet habe, selbst durch eine Beziehung gerettet zu werden. Es gibt keine Verankerung ohne Verantwortung. Kein Gewinn ohne Verlust.

Ich kommunizierte dir mehrfach, dass ich mir für eine Beziehung einen reifen, stabilen Mann wünsche, mit dem ich nicht alles zerreden, zerdenken und ausdiskutieren muss, der Fünfe gerade sein lassen kann, der in sich ruht und mich erdet. Das ist der Punkt, vor allem als ich die Konturen deiner Persönlichkeitsstörung am eigenen Leib erlebte, an dem ich anfing, sehr zu zweifeln. Die plötzlichen Wutausbrüche, das Austicken, die Impulsivität und Unausgeglichenheit, deine überschwängliche, exaltierte, überdrehte Art, die auf mich bedrohlich, unheimlich und unberechenbar wirkte. Ich empfand dich plötzlich als psychisch unzuverlässig, das Gegenteil davon, wie du eigentlich bist. Ich hatte das Gefühl, dass du dich nicht unter Kontrolle hast, wie kann ich mich an dich dann anlehnen. Gefühlt war ich ständig auf der Hut, wie bei einer tickenden Zeitbombe. Ich spürte eine zu große Schere zwischen himmelhochjauchzender Idealisierung und zu Tode betrübter Entwertung in Bezug auf unser Verhältnis. Teilweise fragte ich mich, ob ich mit meinen eigenen stark unterdrückten, archaischen Gefühlen klarkomme, die du mir spiegelst. Ich lernte durch dich, mich besser abzugrenzen, meine eigentlichen Bedürfnisse zu spüren. Der schwache, kranke, nicht belastbare, cholerische, sich immer schonende Vater. Eigentlich sehne ich mich nach dem Gegenteil davon. Und ja, es mag sein, dass du eines Tages stabil bist, aber ich möchte dich nicht erziehen, bevormunden, bemuttern, pempern, stabilisieren, dahin pushen oder dir Selbstverantwortung geben, indem ich sie dir abnehme. Das kann vielleicht eine Frau in ihren Zwanzigern, die noch eine gewisse Blauäugigkeit, Lebensunerfahrenheit, Gutgläubigkeit, Zeit für Experimente hat und genug Energie für Beziehungsenttäuschungen. Ich habe zu viele davon gehabt und bin von Beziehungen recht desillusioniert, das tut mir unheimlich leid. Ich wünsche mir, ich würde wieder naiv an die große Liebe glauben und alle Verletzungen der Vergangenheit ausradieren können. Einer der Gründe, warum Anfänge von Beziehungen heute so schwer sind: Jeder trägt seine Schmerzen mit rein und je älter man wird, desto schwieriger wird es, sich unbeschwert in eine neue Beziehung fallen zu lassen.

Darüber hinaus hatte ich immer das Gefühl, dass du, was deinen Alltag und Beziehungen mit anderen Menschen anbelangt, nicht besonders transparent bist, dass du mir vieles vorenthältst und dir nicht in die Karten blicken lässt. Und dass du mit deinen besten Freundinnen ein Back-up hast, alles mit denen abstimmst und von denen begutachten lässt, ohne souverän über Probleme selbst zu entscheiden. Der erste Bruch war meine an Virginia weiteregeleitete Sprachnachricht. Weißt du, Raphael, eine Beziehung ist ein heiliger Raum, in dem sich zwei Menschen freiwillig zur Komplizenschaft gegen die Welt verabreden, so stelle ich es mir vor. Ich möchte einen Vertrauten haben, der unseren Raum schützt und der mich vor der Außenwelt beschützt. Es mag sein, dass es für dich immer eine Herausforderung war, Beziehungen aufzubauen, und du daher an deinen beiden besten Freundinnen so festhältst. Du wirst dich aber irgendwann selbst davon überzeugen, dass zu einer gesunden Liebesbeziehung mit deiner Lebenspartnerin das Gefühl von Komplizenschaft gehört, dass man für den anderen unersetzlich ist und wichtiger als alle anderen Menschen, auch als die Familienmitglieder.

Meine Eltern haben sich füreinander entschieden vor vierzig Jahren, als deren Eltern teilweise gegen die Ehe waren. Sie standen zueinander und haben sich den Rücken gestärkt, mein Vater hatte selbst den Kontakt zu seiner Schwester wegen meiner Mutter abgebrochen. Weil er immer Mama verteidigt hat, und nicht alle Stimmen, die gegen meine Mutter sprachen. Deswegen sind sie noch zusammen. Bei dir hatte ich dieses Gefühl nie. Ich hatte das Gefühl, dass du die Verletzungen, die ich dir antat, mit deinen Freundinnen versucht hast zu analysieren und dich dagegen wappnen wolltest. Ohne in die erwachsene, männliche Selbstverantwortung zu gehen und dich vielleicht selbst kritisch zu hinterfragen, vielleicht mich vor deinen Freundinnen in Schutz zu nehmen. Ich fragte mich dann oft, wie werde ich eines Tages diesen Menschen in die Augen schauen können, wenn sie so viel Negatives über mich wissen oder denken. In meinen Augen machtest du dich selbst zum Opfer. Ich hätte Angst, deine Freunde kennenzulernen, weil sie alles über meine Marotten wissen, weil du dich dauernd über mich bei ihnen beschwert hast und du dir mütterliche Ratschläge und Schutz bei weiblichen Freundinnen holtest. Es wird kaum eine Frau geben, die das nicht als schwierig empfindet, das kann ich dir versichern.

Ich würde mir wünschen, irgendwann mit dir über unsere Streitereien, Demütigungen und Missstände herzlich lachen zu können. Über unsere Ego-Grenzen hinauszuwachsen. Bessere Menschen zu werden, uns zu verzeihen und zu vergeben. Uns Frieden zu schaffen. Ohne Erwartungen an eine bestimmte Entwicklung unseres Verhältnisses, einfach weil wir es uns wert sind. Wenn du über deinen Schatten springst und dich traust, tue ich dir nichts. Wenn du jedoch nach wie vor die Funkstille willst, werde ich es wohl schweren Herzens respektieren und annehmen müssen. Vielleicht ist es deine Strategie, um Aufmerksamkeit zu bekommen, eine Machtdemonstration, die dir bisher verweigert blieb.

In der Zwischenzeit lerne ich mich selbst in der kompletten Unsicherheit, Hoffnungslosigkeit und Ohnmacht fallen zu lassen, loszulassen, mich zu entspannen. Du musst fliegen lernen, um irgendwohin zu kommen. Daher habe ich keine Flugangst mehr.

Eine Beziehung, welcher Form auch immer, ist eine Entdeckungsreise zweier Individuen. Nun wohin gehen wir? Was wollen wir? Was fürchten wir?

Deine Idaya

Meine Freundin, die Patchworkdecke

Meine geliebte Oma hat mir ihr Talent vererbt, kurz nachdem sie in den Himmel umzog. Sie nähte zeit ihres Lebens Patchworkdecken und hatte den Kosennamen Fetzen-Panka. Eine Patchworkdecke ist eine Decke, die aus verschiedenen Stoffstücken zusammengenäht ist. Oft haben diese Stoffstücke unterschiedliche Muster, Farben und Texturen, die zu einem harmonischen Ganzen zusammengesetzt werden. Symbolisch steht eine Patchworkdecke für Vielfalt. Jeder Stofffleck ist einzigartig, aber zusammen ergeben sie ein schönes Muster und eine starke Einheit, die Wärme, Weichheit, Schutz, Geborgenheit, Komfort bietet. Dies kann auch auf menschliche Beziehungen und Gemeinschaften angewendet werden: Obwohl jeder einzelne Mensch anders ist, können wir durch Zusammenarbeit und Zusammenhalt etwas Schönes und Starkes schaffen. Eine Patchworkdecke steht für Tradition und Erbe. Oft werden Patchworkdecken von Generation zu Generation weitergegeben und enthalten viele Erinnerungen und Geschichten. Sie ist ein Symbol für die Wertschätzung der Vergangenheit und für das Bewahren von Traditionen und Handwerkskunst. Die Patchworkdecke ist meine Heimat. Ich bin nur ein Puzzlestück in einem großen bunten Flickenteppich.

China, Japan und Engel überall

Auf meiner Reise nach China habe ich zum ersten Mal meine Eltern dreißig Jahre später verstanden, wie sie sich im kommunistischen Regime gefühlt haben und warum sie sich immer unterscheiden wollten. Hier gibt es keinen Platz für Individualität, überall hört jemand mit, man wird nonstop fotografiert, Kameras an jeder Ecke, keine Privatsphäre. Das Andere, das Fremde wird zensiert, ausgelöscht. Für Menschen, die unterschiedlich sein möchten, ist es unerträglich. Alles uniform, dafür Ordnung und Disziplin überall. Ich habe die Demokratie, Freiheit und Vielfalt in Europa neu zu schätzen und lieben gelernt. Übrigens, von meinen Eltern hörte ich zwei Wochen lang nichts. Auf meine Fotos bei Whatsapp bekam ich ein thumps up oder einen Smiley, mehr nicht. Absolutes Desinteresse, Schweigen, Gleichgültigkeit. Viele Nachrichten wurden zensiert oder verschwanden sogar plötzlich.

Überhaupt ist mir auf dieser Reise bewusst geworden, dass ich überall aus dem Rahmen falle und damit polarisiere. Die Blicke der Mitreisenden: eine Mischung aus Bewunderung, Neid und Missgunst. Nach Außen: Übertriebene, aufgesetzte Fürsorge, die nur darauf abzielt, dir das Gefühl zu vermitteln, dass du klein, anders bist, dass du nicht für dich alleine sorgen kannst.

Mit meiner Freundin, die mich begleitete, habe ich innerlich Schluss gemacht. Wir haben so lange im Vorfeld die Reise geplant, ich habe mich so gut wie um alles gekümmert. Wir waren beide gespannt wie Bolle auf diese

Fernreise, vor allem auf Japan. In Berlin waren wir eine Einheit. Sie besuchte mich oft, kümmerte sich dauernd um meine Angelegenheiten, um meine Beziehungs- und Geldsorgen. Was mir immer auffiel, ist, dass sie einen gutbürgerlichen Lebensstil pflegt, dass sie im Unterschied zu mir sehr sicherheitsorientiert und etwas risikoscheu ist. Ich dachte mir, das würde sich ergänzen, wovon ich zu wenig habe, hat sie zu viel. Nun durfte ich sie ganz nah kennenlernen, so wie man sich selten im Alltag erlebt. Auf so einer Fernreise kämpft man mit Jetlag, Müdigkeit, man hat den Stress des Unbekannten, einen gewissen Kontrollverlust. Es erfordert sehr viel Geduld, die Ruhe und die Zuversicht zu bewahren, den anderen in einer Ausnahmesituation nicht in Frage zu stellen. Trotzdem tat ich es. Ich empfand sie als extrem dominant, grenzüberschreitend, grobschlächtig, fordernd. Sie war in einer permanenten Selbstschutzhaltung. Sie fand die übertriebene Kontrolle in China in Ordnung. Hatte aber nachts Paranoia wegen eventuell versteckten Kameras, wollte es sich aber nicht eingestehen. Dann schaute sie ständig auf mein Essen und alles, was ich so habe oder mache. Sie dachte, sie würde zu kurz kommen. Sie musste ständig von meinem Essen probieren. Das hielt sie für selbstverständlich, teilte aber ihr eigenes nicht mit mir. Sie war auf mich fixiert und abhängig, solange wir zu zweit waren. Sie verlangte am Anfang, dass ich mich ständig um alles Organisatorische kümmere, und kommentierte das dann.

„Na, was hast Du gebucht?!"

Das sagte sie, als wir feststellten, dass wir keine Ausflüge haben. Schwierig, wenn Freundinnen einen Partnerersatz in der Freundschaft suchen.

Schon im Zug zum Flughafen nach Frankfurt wusste ich innerlich, dass wir den späteren Zug nehmen sollten. Sie setzte sich durch, denn sicher ist sicher. Was passierte? Ihr Zug fiel aus und wir standen anderthalb Stunden in der Kälte am Hauptbahnhof. Und nahmen meinen Zug. Sie wollte mit meinem Geld gemeinsam bezahlen, ich wollte von Anfang getrennte Kassen haben. Und wenn ich Menschen in der Runde offen ansprach, gab es ihrerseits Fremdschämen, Kommentare, Umerziehen.

„Das darfst du doch nicht".

Sobald sie in der Gruppe war, insbesondere bei dem einen Pärchen – sie erinnerten mich mit ihren ständigen Urteilen und Kommentaren sehr an meine Eltern – erkannte ich sie nicht wieder. Keine Solidarität mehr. Sie brauchte mich nicht mehr. Sie fühlte sich sicherer unter frustrierten, verurteilenden, zynischen Menschen. Das verkaufte sie nach Außen als Humor, den ich nicht verstand. Sie hielt mein Strahlen und meine Kraft nicht aus. Das Pärchen hatte sie für sich vereinnahmt. Sie sah sich permanent als Opfer und klammerte fest an der Gruppe. Schon am ersten Abend als ich mit ihr und den anderen beiden unterwegs war, fingen Kommentare an, so nach dem Motto: Die Kleine hat wieder nicht aufgepasst, sie ist so hilflos und verläuft sich permanent.

Am zweiten Tag in Tokio beschloss ich, diese unglaubliche, in ihrer Größe erschlagende Stadt (38 Millionen Einwohner) allein zu erkunden. Das war das Beste, was mir geschehen konnte! Ein Überschuss an Endorphinen hatte ich am Abend danach. Ich habe alle meine Ziele (die Stoffläden) konsequent und dickköpfig gesucht und gefunden und brauchte plötzlich keinen! Es fühlte sich grandios an. An einem anderen Tag habe ich mich fünfzehn Minuten verspätet. Ich war die Einzige in der Gruppe, die ihre Show konstant durchgezogen hat. Danach haben alle gestaunt und meine Einkäufe mit großen Augen angeschaut. Was mich erschlagen hat: wie unsicher, verkrampft und sicherheitsbestimmt alle in meinem Umfeld sind. Wie wenig sich die Frauen selbst lieben, wie sie ihren Körper im Alter betrachten („Ich bin nicht mehr so jung und hübsch"). Und wie sie ihre Unsicherheit kaschieren, indem sie mir das Gefühl vermitteln, dass ich leichtsinnig und unvernünftig bin.

Am letzten Abend vor dem Rückflug eskalierte es brutal zwischen mir und meiner Freundin. Wir gingen zu viert essen, ich hatte von Anfang an das Gefühl, ich sollte lieber im Zimmer bleiben und nur noch etwas trinken mit den drei. Zum Schluss, als ich mein letztes Geld (von ihr geliehene hundertfünfzig Euro, was ich sehr ungern tat) in chinesisches Geld wechselte, stellte ich fest, dass ich doch noch genug für ein Essen mit ihnen hatte. Bloß hatte ich keinen Hunger, aus Höflichkeit bin ich dann doch mit. Schon auf dem Hinweg fingen Diskussionen darüber an, dass das Leben kein Wunschkonzert, kein Ponyhof sei, also man esse, was es gerade gibt. Das erinnerte mich an die Aussagen meines Vaters und an das Gefühl, nicht normal zu sein.

Wir liefen in ein Restaurant, wo es natürlich nur Fleisch gab. Ich sagte freundlich, da finde ich nichts, ich kann gern zurück gehen und dann trinken wir nur was zusammen. Dann versuchte ich der Bedienung mit Google Translate zu erklären, dass ich vegetarisch esse. Schon wieder das schwarze Schaf.

In dem Moment tippte mich meine Freundin an die Schulter, ganz grob, und sagte mit einem strengen, belehrenden, entsetzten Blick „Sie verstehen doch kein vegetarisch".

Ich ärgerte mich und sagte „Hey, ich habe schon gesagt, du sollst mich nicht schlagen".

Und die Frau des Pärchens mischte sich wieder ein, wir sollen bitte nicht streiten. Und schon wieder eine Intrige.

Ich denke, es ist meine Aufgabe, sich abzugrenzen, ohne Wutanfälle und ohne mir alles zu Herzen zu nehmen. Ich schulde niemandem etwas, ich muss keinen aufbauen, weil er unsouverän und von meinem Leichtsinn und meiner Fröhlichkeit verunsichert ist, vor allem wenn ich merke, dass die Leute extrem unsolidarisch sind und sich an meiner Schwäche ergötzen. Ich muss mich nicht dauernd für mein Dasein rechtfertigen, dass so wie ich bin, „normal" bin. Ich möchte mehr Vertrauen in meine Gefühle haben, vor allem in Bezug auf die Menschen in meinem Umfeld. Ich brauche keine Übersetzer meiner Bedürfnisse, die kann ich selbst souverän und eigenständig mitteilen, ohne dass mir ständig jemand ins

Wort fällt, mich bevormundet, belehrt und umerzieht. Ich bin kein Kleinkind mehr.

Und last but not least: die schönen, kleinen, magischen Wundermomente. Es scheint, als ob diese netten Zufälle, immer dann passieren, wenn ich in meinem Element bin, wenn ich im Empfangsmodus bin. Es war wie ein magischer Tagtraum, bei dem ich mich mit allem verbunden fühlte. Wenn ich mich allein auf dem Weg mache (für andere ohne Plan und ohne Absicherung) und einfach nur meiner Leidenschaft, den Stoffen, folge.

In Japan sah ich Engel überall. Vielleicht eine Einbildung? Die habe ich hauptsächlich an Orten, wo ich mich so wohl und verzaubert fühle. Am Himmel, in den Menschen, wenn ich Hilfe brauche und um einen Engel bitte. Es war traumhaft schön, sich zu verlieren, da sind mir die schönsten Wunder passiert. Ich lief allein durch die Gassen, hatte kein Geld mehr (alles für Stoffe ausgegeben), Handy leer, sogar Hunger verspürte ich. Trotzdem fühlte ich mich so leicht und sicher, so geführt, und fand ganz allein den Weg nach Hause. Am letzten Abend in Kyoto war ich die einzige Touristin in einem Wohnviertel, wo ich plötzlich auf eine Galerie traf, die ebenfalls nach vier Jahren zumachte, auch zum 31. Dezember. Da war eine Ausstellung zu dem Thema Lolita-Kleidung (Alice in wonder wear). Die Stimmung war eine Mischung aus Magie, Romantik, Trauer, Traum, Flucht, Verletzbarkeit. Das war ein echter Spiegel meiner aktuellen inneren Welt. Das kleine Glück eben, das mir zuvor zweimal auf meinen Wunschzetteln in den Shintoklöstern in Japan vorhergesagt wurde.

Im Flugzeug von Shanghai nach Frankfurt hatte ich fürchterliche Flugangst. Ich wusste nicht mehr weiter. Dann sprach plötzlich das Plüschbambi, mein Doudou, mein Talisman, das ich immer als Schutzengel auf Reisen mitnehme, in einem inneren Dialog zu mir: „Mama, ich bin bei Dir. Gib bitte etwas von Deiner Kontrolle ab. Gib mir Liebe und Vertrauen statt Kontrolle. Ich beschütze Dich. Du hast es eh nicht in der Hand. Wenn es Dich trifft, dann trifft es alle. Auch wenn es dieses Mal keine kleinen Babies im Flieger gibt. Sie geben Dir keine Sicherheit. Denk doch an Tokyo und Kyoto, wie toll Du es dort allein gemeistert hast. Und ich war nie dabei. Aber eigentlich bin ich immer dabei. Wenn ich keine Angst um Dich habe, heißt es nicht, dass ich Dich verliere. Und Du verlierst Dich auch nicht, wenn Du keine Angst hast. Als Du mich geboren hast, hast Du die volle Kontrolle abgegeben. Jetzt sind wir beide, nur Du und ich. Kein anderer beachtet Dich. Du brauchst Dich nicht umzuschauen und vergebens nach Aufmerksamkeit zu suchen. Und weil ich selbst so viel Angst habe, heißt es noch lange nicht, dass Du sie auch haben musst. Ja, es wird wieder rütteln und schütteln, Dein ganzes Leben ist turbulent, aber Du bist trotzdem in Sicherheit. Das Leben ist ein Notausgang. Am Notausgang rüttelt's am meisten. Ergebe Dich. Gebe Dich hin. Ich schicke Dir einen Engel. Vergiss Deine Mission nicht: das Leben mit Leben füllen und fühlen. Lebensmut schenken.“

Es war die Troststimme meiner Mutter, die ich in dem Moment so dringend hören wollte. Oder mein inneres Kind. Oder Gott. Oder meine Seele. Whatever.

Exerzitien I

Oasen der Stille. Der Sammlung. Es liegt eine Schwere in der Luft, eine Trostlosigkeit. Man riecht die Grausamkeiten, die hier passiert sind. Grauer, schwerer, undurchsichtiger Stahlhimmel, eckige, kantige, spitze Formen der schweren Bronzeskulpturen, Spuren furchterregender Geschichte überall. Ein totaler Gegensatz zur Heimat, die Sehnsucht nach dem strahlenden Blau, dem mediterranen Himmel, nach dem Weichen, Sanften, Warmen, der orientalischen Geborgenheit, den hügeligen, bunten, schrillen Emotionen. Die Kälte ist hier überall, innen und außen. Aber Gott sei Dank erfahre ich, dass man sich hier auch heimisch fühlen kann, obwohl Deutschland nie meine Heimat wird. Dennoch: Das Gefühl ist da. Ich habe hier eine große Mission, ich werde hier gebraucht. Hier kann man zu sich selbst kommen und seine Sehnsüchte besser verstehen. Doch sind die Sehnsüchte da, um verstanden oder gelebt zu werden? Zu zweit zu schweigen erfordert Vertrautheit oder Liebe. Es ist schwieriger als vor einer großen Gruppe Vorträge zu halten. In der Stille erkennt man stärker die Bedürfnisse des anderen. Schweigen macht achtsam. Man respektiert die Bedürfnisse des anderen zuerst, vor den eigenen. Schweigen macht die Menschen höflicher.

Woran ich glaube:

- ♥ an die Kraft der Liebe, Selbstbestimmung, Selbstakzeptanz und Einbildung.

- ♥ dass Gott in allem ist, und ich ihn immer suchen kann, muss, sollte.

- ♥ an Zeichen jeglicher Natur.

- ♥ an die Angst in jeder Form und dass Angst auch heilend sein kann und einen beschützt.

- ♥ an die Natur und ihre Frische.

- ♥ dass Kunst dem Leben einen Sinn verleiht.

- ♥ dass Krankheiten dich wieder auf dich selbst besinnen lassen.

- ♥ dass Tiere allen Lebewesen gleichgestellt sind.

- ♥ dass Elternsein eine Herausforderung ist, der nur wenige gewachsen sind.

- ♥ dass Zeit und ihre Wahrnehmung die größten Irrtümer sind.

- ♥ dass Kriege sinnlos sind, Frieden und Völkerverständigung, Toleranz selbstverständlich sein sollten.

- ♥ dass Vorurteile Schutz vor der Unwissenheit sind und auf Angst beruhen.

♥ dass Intuition viele Gesichter hat und die Fremd-
bestimmung ihre Verneinung ist.

♥ an die Hypochondrie und ihre Sinnlosigkeit.

Zwei Flaschen Wein

...die eine in weiß, die andere in schwarz gekleidet. Braut und Bräutigam. Oma hatte diese für mich und meinen damaligen Freund gehäkelt. Die weiß gekleidete ist inzwischen leer, der Wein ist ausgetrunken. Die schwarz gekleidete ist noch ungeöffnet. Ob der Wein darin noch gut ist? Wir haben ihn getestet, zum vierzigsten Hochzeitstag unserer Eltern. Den Rest haben wir auf dem Grab von Oma verschüttet. Der Wein ist das Leben. Der Wein fließt. Aus mir fließt das Leben. Eigentlich sollte die schwarze Bräutigamflasche mit dem richtigen aufgemacht und getrunken werden. Und was ist, wenn der nie käme? Dann trinke ich ihn allein heute aus. Ich schneide das Häkelkleid ab und kleide neue, volle Weinflaschen ein. Es ist nur eine Hülle. Wie der Körper, der Inhalt ist die neu zu befüllende Flasche, die Liebe, die in die Weinflasche fließt. Ich fülle die neue Flasche Wein auf und leere sie aus und stoße an auf das Leben, auf die Liebe, auf die Lust. Und manchmal frage ich mich in der Kirche: Habe ich wirklich Lust auf das Gebet oder eher auf ein Glas Wein?

Wir möchten ein Leben lang unbefleckt leben

(Meine Freundin Desi schrieb mir diesen Brief, als jemand in sie verliebt war und dabei war, seine Familie wegen ihr zu zerstören. Freie Übersetzung aus dem Bulgarischen.)

(….) Menschen berühren, ohne sie zu verändern. Eine Begegnung ohne Konsequenzen für den anderen. Denn jemand könnte leiden. Wir möchten keine Verantwortung für die Verletzungen des anderen übernehmen. Aber die Wahrheit ist, dass jede Verbindung, jede Berührung mit einem anderen Menschen – sei sie freundschaftlich, platonisch oder sexuell – die Verantwortung für die Konsequenzen nach sich zieht. Wenn wir unser Herz für eine Person öffnen und sie anziehen, sind wir für ihre Gefühle mitverantwortlich. So wie in dem Märchen „Der kleine Prinz" sind wir für immer für diejenigen mitverantwortlich, für die wir gesorgt haben, die wir gezähmt und gelehrt haben.

Ich spreche nicht von Schuld. Schuld hat etwas mit Moral, mit richtig oder falsch zu tun. Du fühlst dich mitverantwortlich für das Schicksal des anderen. Du bekommst viel (Liebe), aber es wird von dir viel (Liebe) abverlangt. Vielleicht musst du Zweifel, Leid, Ängste, Trauer, Sorge und anderes aufgeben. Die Liebe ist die größte Herausforderung auf Erden, wenn sie echt ist. Sie zerreißt dich in viele kleine Stückchen, lässt dich deine Welt überdenken, dich selbst neu entdecken, erfinden und überwinden. Deine Vorurteile über den anderen, seine Schwächen und die Unterschiede vergessen. Liebe bedeutet, sich zum innigsten Universum des anderen zu öffnen, da, wo sich nur Seelen treffen können. Wenn man einmal eine Seele berührt, dann gibt es kein Zurück mehr. Wir können das Geschehene nicht mehr kontrollieren oder zurückrudern, jedoch können wir entscheiden, wie weit wir gehen wollen. In der Welt der Gefühle gibt es keine Erklärungen, ob oder warum. Die Empfindung für den anderen ist alles und in diesem Alles verlieren wir uns selbst, um uns zu finden. Und es tut weh. Der Mangel an Verschmelzung schmerzt und auch die Verschmelzung selbst, weil sie deine ganze Gefühlswelt und deine Prinzipien umkrempelt. Dennoch verändert sich vieles mit der Zeit, auch die Verliebtheitsgefühle. Das, was bleibt, ist gegenseitiger Respekt und Seelenverständnis, gemeinsame Ziele und Moralprinzipien. Der Rest passiert phasenweise, Nähe oder Entfremdung. Stell dir folgende Frage in Bezug auf deine(n) Partner(in): Entwickelst du dich weiter mit dieser Person? Bist du glücklich? Fühlst du dich stärker, wenn ihr zusammen seid? Respektiert er oder sie dich? Kannst du dein maximales Potenzial mit ihr/ihm erreichen? Das Leben ist unberechenbar und der einzig richtige Weg ist der sanfte Weg, den uns das Herz zuflüstert. (...)

Liebe

...kommt nicht plötzlich, oder auf den ersten Blick oder auf den zweiten oder dritten. Sie ist einfach. Es gibt sie. Überall. Die Liebe kommt nicht. Der Mensch geht zu ihr. Mit unterschiedlicher Geschwindigkeit. Auf unterschiedlichen Wegen. Die Liebe geht nicht verloren, wenn der Fokus, die Richtung, die Perspektive geändert wurde. Die Liebe bleibt immer. Sie füllt alles aus. Sie existiert unsichtbar und unabdingbar. Ewig. Das gleiche gilt für Gott und die Wahrhaftigkeit. Wenn du vergisst, dass sie existieren, ist das der erste Schritt zur menschlichen Hölle. Die Liebe, Gott und die Wahrhaftigkeit waren schon immer da.

Was ist keine Liebe? Die Angst. Die Eifersucht. Die Leidenschaft. Jemanden zu dominieren und unterzuordnen ist keine Liebe. Ihn zu ändern, damit er zu dir passt, ist keine Liebe. Die Verpflichtung und Verantwortung sind keine Liebe. Das Gegenrechnen vom Gegebenen und Bekommenem ist keine Liebe. Das Selbstmitleid und das Leid, die Verzweiflung, verlassen und ungeliebt zu sein, ist keine Liebe. Die Länge der Zeit, die du mit jemandem verbracht hast, ist kein Maß für Liebe. Ich bin erschrocken, denn dann bleibt so wenig, was tatsächlich Liebe ist. Liebe ist einfach. Sie passiert und du lebst mit dieser Form von ihr, die zu dir gefunden hat. Das einzige, was du machen kannst, ist, das Beste von dir zu geben und das Beste vom anderen anzunehmen. In diesem Sinne war das zwischen uns Liebe.

Du bist in mein Leben gekommen, um mich zu verletzen, damit ich begreife, wie stark ich mich selbst verletzen kann. Du hast mich verlassen, damit ich begreife, wie verlassen ich von mir selbst bin. Das Schicksal hat mir einen Feigling serviert, damit ich mit der Angst in mir selbst konfrontiert werde. Wenn du dir selbst das Gift überreichst, ist es zu spät zu fragen, warum. Aber du kannst dich trotzdem last minute umentscheiden. Jeder Schmerz führt dich dahin, dich selbst kennenzulernen, etwas in dir zu erschaffen, dich selbst zu lieben und dankbar zu sein, dass es dich gibt. Es gibt niemanden, der dich mit Liebe füllen soll, außer du dich selbst.

Manchmal reicht ein ganzes Leben nicht aus um die Wunden zu heilen. Die Wunden überleben die Verzeihung. Menschen trennen sich, da sie gegenseitig die Funktion im Leben des anderen erfüllt haben. Aber die Liebe bleibt lebendig. Sie ist aber ein Hindernis auf den anderen zuzugehen. Aus Angst nicht wieder verletzt zu werden, nicht weil du nicht (mehr) liebst. Sondern weil die Wunden und Narben dich verändert haben. Soll ich dann nicht mit einem Wunder rechnen? Wenn du mit einem Wunder rechnest, ist die Wahrscheinlichkeit, dass es dir passiert sehr gering. Die große Frage ist, was du wählst, nicht, was du erwartest. Du und ich sind aus demselben Licht. Nur spielen wir verschiedene Rollen. Aber ich fühle dich, kenne dich und liebe dich jenseits deiner Rolle. Dann wirst du das größte Geheimnis entschlüsseln: dass Wunder deine Wahl sind.

Jeder Weg fängt mit einer verschlossenen Tür an. Ich möchte diese Tür hinter mir zumachen. Die Engel entfernen sich von uns, weil der Mensch verstehen muss, dass die Distanz das Kleinste ist, das Menschen trennt. Der größte Schritt, den der Mensch zu sich selbst, zum anderen und zum Himmel machen kann, ist die Liebe. Sanftmütige Liebe zum Leben. Das Gefühl der Heiligkeit, das lässt sich nur in der Auseinandersetzung mit den Menschen finden, die uns umgeben und unsere Welt ausmachen. Die Herausforderung liegt darin, im Alltag immer wieder darauf zu achten, diese Menschen zu lieben, trotz oder gerade, weil wir ihre totale Andersartigkeit und Unbegreiflichkeit anerkennen. Er ist der einzige Weg mit den Verlusten und Unwägbarkeiten des Lebens umzugehen. Spiritualität ist die wertschätzende Begegnung mit der Unbegreiflichkeit des anderen. Ehrfurcht vor der Unbegreiflichkeit der Welt.

Verflossene Liebe

Du hast ihn gebraucht, um dich selbst durch ihn zu lieben. Es ist unehrlich, dich selbst durch das von dir domestizierte Wesen zu lieben. Er hat dich geliebt und liebt dich immer noch. Er weiß es bloß selbst noch nicht. Es war nicht der Mangel an Liebe, sondern die Angst vor zu viel Verantwortung. Manchmal ist die Last, die man mit sich trägt, zu schwer, sie überdeckt die Liebe. Es ist zu leicht zu sagen „Ich liebe dich nicht mehr". Vor allem ohne Erklärung. Oder meinst du, ich sollte mich schuldig fühlen, dass ich die Beziehung zerstört habe, dass er sich entliebt hat, weil meine Sexualität „gestört" sei. Ich dachte, wenn man liebt, hat man die Kraft für die Verantwortung. Ja, aber nur wenn man sich selbst liebt, weiß man, dass man die Kraft hat. Er weiß nicht, dass er die Liebe in sich hat. Wenn man weiß, dass man die Liebe in sich hat, dann hat man auch die Kraft für die Verantwortung. Kann man sich selbst entkommen, indem man jemand anders wird? Ich habe gar nicht so viel Kraft, dem Bösen so viel Kraft zu geben. Ich will leben, ich will lieben und das ist es. Das Leben l(i)ebt mich!

Exerzitien II

Jedem Buch sein Kleid. Meine Seele, ein Paillettenkleid. Viele sind schon abgefallen, aber es gibt noch unzählige dran. Ich habe eine Paillettenspur hinterlassen. Ein Kometentanz der Pailletten.

Einfach sein. Hier, jetzt. Ich bleibe hier.

Chaos, Ratlosigkeit, Verwirrung, den Weg nicht finden. Aber wohin? Will ich eigentlich dahin?

Meine innere Uhr funktioniert hervorragend.

Ich glaube an Wunder(heilungen). Es ist ein Wunder, dass ich lebe. Ich muss das Beste daraus machen.

Woher kommt diese einnehmende Existenzangst, warum ist sie notwendig und wie ist sie zu überwinden? Ist sie vielleicht mein Kraftmotor im Alltag?

Angst vor mir selbst. Kein Zugang zu meiner Gefühlswelt. Angst zu sehen, was mit mir los ist. Angst davor mich zu lieben, so wie Gott mich liebt. Ich darf dich loslassen, denn ich brauche dich nicht.

Die Machtlosigkeit und Ohnmacht bejahen. Das bedeutet, sich empfänglich machen. Empfänglich sein für das, was geschehen soll, ist heilsame Ohnmacht.

Aufhören, sich die Dinge zu Herzen zu nehmen, die dich nichts angehen.

Die Kraft der sanften Führung. Weiblichkeit. Eleganz. Anmut. Edelmut. Sanftmut. Mut.

Gott, sei bitte eine Säule für mich im Alltag. Bei der ständigen Suche. Mein Anker. Mein Hafen. Halt. Stütze. Geborgenheit. Mein Weg. Labyrinth. Meine Kraft aus der Mitte.

Der Sinn ist sinnlos. Philosophie entsteht aus dem Mangel, aus der Sinnlosigkeit. Gott auch. Gott heißt für mich, dauernd nach dem Sinn zu suchen, dem Einen, Verbindenden. Gott ist für mich die Lebenskraft. Die Lebensenergie. Die Unendlichkeit. Die Absurdität. Der Zufall. Das Gefühl von Freiheit. Kein perfekter Gott. Seele. Funken. Bedingungslose Liebe, aber eigentlich ist es egal, Hauptsache Liebe. Ehrlich und authentisch, zu allem und allen. Liebe zum Leben.

Die Geburt der Wahrheit aus den Konflikten. Man muss sie aushalten, um die Wunder der Geburt zu erleben.

Mut zum Schweigen. Mut zum Nicht-Sein, nichts sein, alles sein. Nichts zu tun ist härter als vieles zu tun.

Um einen Ehrenplatz zu verdienen, muss man auch das Mitleiden ertragen. Den Wunsch nach Einfluss und Macht zurückstecken, im Sinne des Ganzen.

Erinnern an die Zukunft.
Wofür lohnt es sich zu sterben?

Ich glaube an Menschen, nicht an die Kirche. Bin ich
dann trotzdem religiös?

Handeln in der Wahrheit. Nicht klein und gedemütigt
sein. Verwurzelt in der Demut. Wahrhaftig, ehrlich mit
sich sein. Lockerlassen. Kein Widerstand. Eins sein mit
den eigenen Dämonen. Wachstumschancen erkennen.
Dem Leben folgen in stiller Andacht. Wachsein. Sich
selbst spüren. Nichts wollen. Zulassen, dass Schönes
passiert. Das Leben umarmen.

Lebensmitte? Selbst-Mitte. Mittendrin sein. Gleichge-
wicht finden. Reflektion. Sinn erfahren. Mit sich Freundschaft schließen. Ohne Interaktion. Wo stehe ich? Was
bringt mich weiter? Was gibt mir Sinn? Wo setze ich
meine Prioritäten? Warum bin ich noch allein? Wie wäre
das Leben, wenn ich es immer so bliebe? Ich kann nicht
mehr lange traurig sein.

Eigensucht. Egozirkus. Narzissmus. Alles tun für die
Selbstbestätigung. Ansehen. Ego entsteht aus dem unerfüllten Wunsch nach Zuwendung.

Woran klebe ich?

Es wird immer Mängel und unerfüllte Sehnsüchte geben.
Das heißt leben. Unbewusste Entscheidungen. Richtig.

Mein Herz ist unruhig, bis es in dir ruht, Gott. Erst Gott genügt. Ich möchte mit Gott in eine innige Freundschaft gehen. Das heißt, mit meinem inneren Du in Beziehung gehen. Gott hat mir sein Herz geschenkt. Gott liebt mich von ganzem Herzen. Ich muss es nur annehmen. Es ist das Herz Gottes. Die Begegnung mit Gott führt zu nichts Neuem. Es wird nur das vollendet, was in einem angelegt ist. Hilf dir selbst, dann hilft dir Gott. Der Gott in mir, meine Medizin, mein Heiler, der in meinem Herzen zu Hause ist. Bei dem ich geschützt und sicher bin. Gott plappert nicht. Gott redet in der Stille.

Stell dir das Schönste vor. Begeistere dich. Und geh los.

Ist das, was andere machen und wie sie es machen, immer richtig? Du bist dein Vorbild. Sich annehmen mit allem, was dazu gehört.

Warum brauche ich so viel Drama, Angst, Unruhe, Rastlosigkeit? Wem muss ich was beweisen oder vorspielen? Ich sehne mich so sehr danach, dass es in mir kuschelig warm und gemütlich wird. Das ich Ruhe im Herzen verspüre.

Meine größte Aufgabe ist es, Frieden in meinem Geist zu finden. Da, wo der innere Kontrolleur schweigt, wo man niemandem etwas beweisen muss, wo ich nicht funktionieren und gefallen muss. Niemanden beeindrucken mit Leistungen, Integrationserfolgen, Zielen, Einsichten, was ich schon alles geschafft, verstanden, erlebt habe. Ohne zu viel zu wollen. Können. Müssen.

„Paulina, wenn ich dich sehe, fühle ich mich zu Hause."
(das schönste Kompliment, das ich jemals gehört habe).
Dabei wünsche ich mir insgeheim: Take me home. Be
my home. Make me home.

Sei der Mensch, dem du begegnen möchtest.

Braucht es immer eine Krise, um das Ungelebte zu
leben?

Jedes Potenzial hat seine Grenzen. Mein Leben. Mein
Körper. Meine Grenzen.

Warum kann ich nicht endlich meinen Gefühlen vertrauen, ohne sie in Frage zu stellen?

Der Lotus blüht auf dem Schlamm auf.

Die Entschleunigung ist schwieriger als die Aktion.

Distanz und Skepsis ist nicht gleich Ablehnung.

Wenn ich ein Würstchen essen will, kaufe ich mir kein
Schwein. In anderen Worten: ein Mann ist ein Add-on
on top auf mein Leben, wenn der Rest stimmt. Wenn
man jemanden erst bearbeiten muss (das Schwein
schlachten) um irgendwann daraus gegebenenfalls sogar
ein vegetarisches Würstchen zu bekommen – dann ist
der Aufwand definitiv zu groß :)

Je höher man fliegt, desto tiefer kann man stürzen.

Reisende sollte man nicht aufhalten. Wenn du gehen willst – da ist die Tür. Nimm bitte nur deinen Koffer mit raus. Manchmal muss man die Reisen dort abbrechen, wo sie am schönsten sind.

Wann habe ich mich das letzte Mal genossen? Mich für meine Erfolge und Leistungen gelobt? Mich selbst einfach so geliebt, weil ich es bin und verdiene, einfach mal entspannt zu sein. Zu entschleunigen. Es sacken zu lassen. Mal Fünfe gerade sein lassen. Mach dich nicht abhängig von den Erwartungen, die du ans Leben hattest.

Denke an drei Sachen, für die du dankbar bist und die du nicht mit Geld kaufen kannst.

Schreibe einen Brief an jemanden, den du liebhast, wofür du ihr/ihm dankbar bist.

Ich wünsche, ich hätte den Mut gehabt, glücklich zu sein.

Ein Satz, der auf meinem Grabstein stehen könnte? Was würdest du dir wünschen, dass die Menschen über dich sagen bei deiner Beerdigung?

Man sollte manchmal die Wolken aushalten. Auch Wolken haben Schatten. Warum sind meine Gefühle so farblos und grau, wenn meine Stoffe so bunt sind?

Ich darf für mich verschwenderisch sein mit Genuss, Reisen, Stoffen. Ich darf es genießen, dass ich für mich viel Geld ausgebe, auch wenn mir bewusst ist, dass es eine Kompensation für den Mangel, Frust oder unerfüllten Wunsch nach Familie, Partnerschaft, Kinder ist. Ja, es ist Flucht. Ja, es ist Verdrängen. Ja, es ist eine Form von Sucht und die Augen verschließen. Ja, ich mache das Beste daraus (Kreativität, Menschen ermutigen, Grenzen setzen, über ihre Grenzen hinausgehen). Ja, ich darf es genießen und es mir ohne Schuldgefühle gönnen. Ich darf mir die Rosinen picken. Ich verdiene nur das Beste. Dennoch: Wer bin ich wirklich? Was steckt hinter meiner Sehnsucht nach Reisen und Stoffen wirklich?

Was muss man tun, um das bedingungslose Grundvertrauen im Leben zu spüren und anzunehmen, ohne sich abzurackern? Kann man sich so ein Grundvertrauen erkämpfen?

Ich habe keine Wurzeln.
Dafür hast du Flügel.
Wie kann ich Wurzeln schlagen?
Nur mit Flügeln. Aber denk daran: Schmetterlinge haben keine Wurzeln.

Wo liegen deine Wurzeln? Keine Ahnung, ich bin kein Baum. Ich habe nicht nur eine Heimat, sondern viele. Ich habe nicht nur ein Kind, sondern viele.

Du kannst nicht reproduziert werden, mein Kind. Du bist one of a kind. Gott hat alles erschaffen, deswegen sind überall seine Gene drin.

Ich möchte nicht unbedingt ein leibliches Kind haben, aber ich möchte unbedingt für jemanden unaustauschbar sein.

Heimat ist gelebte und geliebte Religiosität. Heimat ist ein Raum aus Zeit. Zwischenzeitraum. Ich bin ein Wanderer zwischen den Welten auf der Suche nach Heimat.

„Wo ist die Ani, Oma...? Kannst du die mir malen?"

Als ich Kind war, war ich mondsüchtig. Ich bin nachts durch die Wohnung gewandert und Oma hatte Angst, dass ich verschwunden bin. Dabei habe ich die ganze Zeit neben meinem Bett geschlafen.

Des eigenen Glückes Schmied zu sein, bedeutet Lust und Last zugleich. Du musst glücklich sein, um lieben zu können. Es ist egal für unser Glück und Erfolg, womit wir unser Geld verdienen, wie alt wir sind, wo wir wohnen. You are not too old to be happy.

Schön, dass es mich gibt. Schön, dass ich sein darf. Dass ich weiterhin sein werde. Danke.

ÜBER PAULINA TSVETANOVA

Paulina stürzt regelmäßig in Langstreckenflugzeugen ab, überlebt sie aber trotzdem, dank Fernweh und Sehnsucht nach der Heimat. Sie ist dort zu Hause, wo sie gerade ist. Sie vertraut blind dem (glücklichen) Zufall. Wenn sie nicht Bücher schreibt, schleppt sie Koffer mit Übergepäck, in denen sie Stoffe aus exotischen Ländern schmuggelt. Die Stoffe erzählen eine Abenteuergeschichte, an die man sich am Sterbebett erinnern kann. Dafür scheitert die promovierte Kunsthistorikerin regelmäßig an den banalsten Dingen im Alltag und darf sich inzwischen Chaosexpertin für Fuck-ups nennen. Sie ist bereits mehrere Tode gestorben. Die ehrenamtliche Sterbebegleiterin gründete aus Lebenshunger PAULINA'S FRIENDS. Nach einigen Umwandlungen wurde aus der Zufallswerkstatt, anfangs ein Concept Store für zeitgenössische Kunst, Design und Vintage Mode, ein internationales Mode-Couture-Haus. Wie alles anfing? An einem grauen, verregneten Nachmittag setzte sich Paulina mit einem weißen Blatt Papier hin und stellte sich drei einfache Fragen: Was liebe ich am meisten? Wofür bin ich da? Warum will ich leben? Seitdem lebt Paulina kompromisslos ihren Kindheitstraum, Modeschöpferin zu sein. Sie empowert Frauen, indem sie sie auf großen Modebühnen in Role Models verwandelt und setzt sich mit Herzblut für Humanität in der Modeindustrie ein.

Links:

Website: www.paulinasfriends.com

Online Shop: https://paulinasfriends.
myshopify.com/

Facebook: https://www.facebook.com/
paulinasfriends

Instagram: https://www.instagram.com/
paulinasfriendsfashion

Youtube: https://www.youtube.com/Paulina
Tsvetanova